AF278665

NOUS VOULONS

HENRI V

ET NOUS L'AURONS

Par

MATHURIN LE DROIT

DE LA VILLE ÈS-BLANCS

En Rouillac

—◦—

Prix de l'exemplaire : 15 centimes

SAINT-BRIEUC

IMPRIMERIE-LIBRAIRIE DE L. PRUD'HOMME

1871

NOUS VOULONS
HENRI V
ET NOUS L'AURONS

Par

MATHURIN LE DROIT

DE LA VILLE ÈS-BLANCS

en Rouillac

—◆—

Prix de l'exemplaire : 15 centimes

SAINT-BRIEUC

IMPRIMERIE-LIBRAIRIE DE L. PRUD'HOMME

1871

A. Sa Majesté le Roi, seul légitime
de France

HENRI V

Henri - Charles - Ferdinand - Marie
Dieudonné D'Artois, Duc de Bor-
deaux, Comte de Chambord.....

Admiration et respect,

Mathurin LE DROIT,

De la Ville ès-blancs,

en Rouillac.

Bretagne

Pourquoi voulons-nous Henri V ?

Pourquoi l'aurons-nous ?

Nous le voulons parce que nous voulons :

La Paix. — La Religion.

Nous voulons la paix.

A ça il ne doit plus être question de guerre d'ici quelque temps. Oh ! ben sûr, quand il faudra prendre sa revanche, nous serons des premiers à partir contre les Prussiens, pour leur faire rendre notre monnaie.

Ils nous ont fait assez de mal comme ça ; et pour ma part je ne peux presque plus écrire ; j'ai un doigt estropié depuis leur dernier passage chez nous.

Ces maudits Bonaparte, qui seraient bons tout-à-fait à part, ils nous amènent toujours les Prussiens.

Le premier était en 1815, le second était en 1870.

Je ne voulons plus les revoir que chez eux, ces Prussiens-là.

Ils nous ont enlevé la première fois deux

milliards, la seconde fois, il va falloir leur en cracher *cinq*.

C'est pas de la blague, ni des plaisanteries. Si on vendait tous les clos de tout not' département, morciaux par morciaux, on n'en tirerait peut-être pas un milliard. Est donc à dire, que pour payer ce que les maudits Prussiens nous ont demandé la dernière fois, il faudrait vendre presque cinq départements comme celui des Côtes-du-Nord, casi toute la Bretagne.

Et dire que ce vieux chenapan d'Empereur est encore à manger nos millions, à fumer sa pipe et à boire à notre santé! Est tout de même trop fort — Car ce gars-là, il a fait sa fortune à nos dépens, puisqu'il crevait de faim avant d'arriver chez nous et qu'aujourd'hui, il mange des poulets rôtis fort à son aise, pendant que je sommes à payer ses dettes. Je n'en voulons plus de celui-là. — Il disait toujours : l'Empire, c'est la paix, depuis il n'a jamais fait que la guerre. Il nous a f..... dedans ; mais c'est ben fini.

Est pourquoi, *note* gars Jacques dit-il tous les jours, qu'il n'est pas prêt de se battre pour Badingué (1). Et note gars Jacques est un malin. Il ne parle pas souvent, mais quand il parle, est point du diot qui dit toujours.

Est pas l'embarras, j'avons payé désormais plus de mois d'école pour li, que je n'avons de moutons dans nos étables.

Nous voulons Henri V, parce que c'est le descendant d'Henri IV, qui voulait nous voir tous, au moins le dimanche, manger tranquillement une poule en famille. Oui nous les mettrons plus souvent dans la casserole nos poulets et nos canards — nous ne serons pas si bêtes de les envoyer aux goules fines de la ville, qui sont à se moquer des paysans par derrière.

Nous les garderons pour nous et nous ne leur enverrons que ce que nous aurons de trop.

On vous a vu, messieurs les bourgeois de la ville, pendant ces derniers temps.

---

(1) Badinguet, nom voté à l'Empereur Napoléon III, pour s'être enfui de prison avec l'habit d'un ouvrier appelé Badinguet, car vous savez que l'Empereur a été mis en prison deux fois et qu'on n'y met guère que les mal va.

Nous savons comment vous vous y pre-
nez. Vous nous faites payer *ben* cher des
objets qui ne vous ont pas coûté grand'chose
et vous voudriez manger nos poulets rôtis !

Attendez un p'tit.

Je serais de l'avis du bon roi Henri IV —
nos poulets feront aussi bien dans not' mar-
mite que dans la vôtre.

***

Nous voulons Henri V parce qu'il n'a point
de fortune à faire li. —

Il faut toujours les engraisser ces gueux-
là.

Li au moins a plus de fortune qu'il n'en
pourra jamais manger.

Comme ils ne sont que deux, li et sa
femme, qu'on dit tant seulement toute gra-
cieuse, ils donneront le reste au pauvre
monde.

Au lieu de li en donner, il nous en don-
nera — N'y a ben assez longtemps qu'est
tout le contraire. —

***

Nous voulons Henri V !

Il nous prêchait hier, qui disent donc

car je n'ai le temps de lire les journaux
que le dimanche, que le nouveau roi voulait pour la France le drapeau d'Henri IV
et de Jeanne d'Arc.

Ah! si j'en avions eu une gaillarde comme
celle-là !

Etait les Anglais qui n'étaient pas fiers
quand ils la voyaient ; les Prussiens en
auraient tremblé.

Ils sont à nous chanter qu'il nous faut
absolument le drapeau tricolore.

Il a trois couleurs ! !

Est trop boudré, je vous dis, est trop.—

Quand un homme a trois couleurs, je
ne m'y fie point.

J'aime les gens qui disent blanc ou noir
— Oui ou non. —

Les ceux qui ont tant de manières de
voir, n'y a point à s'y fier.

Allez donc demander aux républicains de
chez nous, ce qu'ils veulent.

Ils veulent de trente-six manières — l'un
veut blanc, l'autre veut noir.

S'tici veut un drapeau tricolore, s'tilà en
veut un autre tout rouge.

Ils ne s'entendent ni les uns ni les autres.

Quand ils ont parlé ensemble pendant deux ou trois minutes, ils ne savent plus ce qu'ils disent.

Les républicains ! ! à part quelques-uns, car on dit que n'y en a de bons, sur quatre, n'ia trois fous et un mauvais gars. — Voulez-vous vous en mettre ?

La république, elle n'a jamais fait que la guerre et sans savoir ni pour qui ni pourquoi. A toutes les fois qu'elle vient, c'est toujours pour nous faire payer des impôts et nous empêcher de vendre notre blaterie et notre bêtias. —

J' vous le dis, moi, je n'en voulons point de la république.

———————

Ils veulent, disent-ils, nous mettre sur le trône un des gars de Louis-Philippe ?

Mais attendez un p'tit, Messieurs — chaque à son tour comme à confesse.

Si vous faites comme votre vieux papa Louis-Philippe, vous descendrez comme lui ; parce que les républicains qui vous auront donné la place, vous la retireront quand vous ne leur plairez plus.

Si vous montez sur le trône en le volant à votre cousin, ça ne sera point propre, toujours. —

Si, au contraire, nous avons Henri V et que les républicains veulent le faire descendre, j'verrons, nom d'un chien. —

C'est son droit à li. C'est le gars aîné — Vous n'êtes que les neveux, vous —

Si mon cousin Jacques, voulait tant seulement, venir commander dans notre maison, je li dirais ; attendez notre mort pour avoir notre héritage. Il ne faut pas vendre la piau de l'ours avant de l'avoir tué. —

Est de même qu'est la loi ; et nous voulons toujours observer la loi — Parce que, je l'avons déjà dit, nous voulons la paix et c'est la loi qui donne la paix. —

On dit et il paraît que c'est bien certain que Henri V a tenant de religion.

C'est pour cela que je le voulons.

Pourquoi avons-nous toujours été battus par les Prussiens-là ?

Parce que je n'avions point de religion — Nos chefs n'avaient point de religion ; nos soldats point de religion.

Je l'ai toujours oui dire, à mon défunt père, devant Dieu soit son âme : Où n'y a point de religion, n'y a point de ressource, où n'y a de la religion, n'y a de la ressource. Et ça se vérifie cor toujours les jours.

As-tu vu tout les p'tits Monsieus-là qui ont sur le dos une faillie réquimpète, ils ne veulent pas d'Henri V ?

C'est pas étonnant, ils disent qu'il a trop de religion.

Je sons ben qu'ils n'en ont point trop, les gars-là. — Ça ne va point à la messe, ça ne va point à confesse, et ça fait cor de l'embarras, et ça dit que ça y a de l'esprit ! ! Moi je vous le dis, et je sons ben : où n'y a point de religion n'y a point de ressource.

C'est pas à moi qu'il faut venir compter ça. Je les ai vus les gars de Paris. Ils ont fait de biaus œufs pendant le siége et surtout après. — Ils étaient bons à piller, à voler, à se moquer du paysan et à dire comme grand bêtias que nous sommes des arriérés.

Je ne sais pas ce qu'ils ontendent par arriérés. Mais, nom de d'là, faut-il donc être si malin pour voler, piller, enfoncer les églises, tuer les prêtres et les évêques et mettre le feu partout?

Ce que n'y a de sûr, est moi qui vous le dis, chez nous n'y a toujours pas tant de bêtes que chez eux ni tant de voleurs non plus.

Parbleu, c'est pas drôle, quand n'y a un mauvais gars dans notre village, un gars qui a été mis à la porte par son bourgeois, il va à Paris.

C'est pas cor ben difficile à juger les espèces de Monsieus-là de Paris. Parmi nos moblots, n'y en avait deux de notre village qui ne sont point de la fleur des pois, de ces gars, que le recteur de chez nous ne choisit point pour donner le pain bénit le dimanche à la grand'messe ou pour porter le dais le jour de la fête du saint Sacrement. Savez-vous ben ce qu'ils disaient des Parisiens? Tout cela est de la clique, disaient-ils. Eh bén! qu'en dites-vous? Si les plus mauvais de chez nous étaient déshonorés dans leur compagnie, je vous demande un peu ce qu'en pensent les bons.

On dit qu'Henri V va nous amener la dîme, qu'il nous fera porter des sabots de quatorze livres et que sous son régime, ce seront les prêtres et les nobles qui commanderont.

Ça c'était bon autrefois, mais à cette heure-ci, on ne nous fera pas accroire que notre grand'père marchait sur la tête, que les hommes sont des moulins à vent, que les vessies sont des lanternes et que notre galletier peut servir de verre de lunettes. Comme, n'y en avait-il pas d'aucuns ceux qui voulaient nous faire avaler que c'était les nobles et les prêtres qui nous faisaient la guerre pour la Prusse?

En v'là une colle!!

Notre gars Marie-Ange, li qu'a fait toute

la guerre, ne nous a-t-il pas dit que les prêtres allaient au feu avec eux sur le champ de bataille et que les nobles se sont battus comme des lions dans l'armée de la Loire.

Il m'est avis, que si les prêtres et les nobles avaient été pour la Prusse, ils ne seraient pas allés se faire tuer par les Prussiens. —

Queux bêtise — ! !

Les nobles commanderont contre nous avec les prêtres, disent-ils.

Oui avant la révolution ; mais aujourd'hui, ça ne sera point.

Autrefois avant la révolution, n'y avait que les nobles à être prêtres, à quelque chose de près donc ; mais à cette heure-ci, n'y a plus guère de nobles à être prêtres.—

J'ai li pas mon cousin Jean-Baptiste qu'est curé dans une des belles paroisses du département ?

Le gars Jacques le fils de notre bedeau n'est-il pas devenu vicaire de ville ?

Bien sûr que les prêtres nous soutiendront?? puisque j'étons casi un petit tout c parent.

Est pas pour dire du mal des nobles ; mais est pour dire que les nobles et les prêtres valent ben les autres.

Et Henri V a dit qu'il admettrait tout le monde à toutes les charges pourvu qu'on soit capable de ça. Comme je disais chez nous : *la charge au mérite.*

Je vas ben vous dire ma façon de penser, je commence à en avoir vu bel et ben, et à mon âge on peut dire ben des choses, car on en a vu de l'un et de l'autre. Ça n'ira point bien tant que nous n'aurons un gouvernement....... un roi, quoi.

V'là le blé qui diminue, les bestiaux qui sont à vil prix, les chevaux qui ne se vendent plus. Di quà quand ça durera-ti ? Après tout examiné, je ne vois qu'une chose.

Pourquoi Henri V ne viendrait-il pas ? Appelons-le. —

Il fera notre affaire — le commerce reprendra ; j'vendrons ben notre blâterie, j'serons tranquils et tout ira pour le mieux.

Henri V, oh ! boudré, est notre homme.

Oh ! je sais ben, et ça n'est pas étonnant, le gars Bismarth et les Prussiens n'en veulent pas d'Henri V. Ils ne veulent point qu'il remonte sur le trône. —

Ils n'ont poux.

Et ben ! raison de plus pour le faire venir. Ils ne sont pas cor si diots. Ils savent ben que quand Henri V reviendra chez nous, nous aurons l'ordre partout et que n'iaura point tant de volleries comme n'y en a eu depuis si longtemps.

Monsieur Bismark, j'lorons tout comme Henri V. Vous voudriez ben apauvrir la France et la ruiner, et Henri V veut l'enrichir, c'est ce qu'il nous faut. —

Je vous ai dit : nous voulons Henri V, j'ai ajouté, nous l'aurons.

Mais bien sûr —

Pourquoi ?

Nous sommes les plus forts. Nous sommes autant à nous tout seul que tous les autres ensemble.

On a le droit d'appeler plutôt Henri V que le comte de Paris ; quand son tour sera venu, nous l'appellerons.

Nous voulons tous un roi d'après la loi — comme il n'y a que Henri V qui soit roi d'après la loi — nous aurons Henri V.

Et si les gars de la commeune veulent nous empêcher de l'avoir, j'verrons.

On nous menace de la guerre civile, mais qui donc la ferait? Les fainiants qui ne veulent pas travailler? Ils ne sont pas déja si nombreux chez nous, nous en aurions bientôt la fin. D'autant mieux que nous sommes bien décidés à nous défendre jusqu'à la mort, et que les gars de chez nous ont tous appris à faire l'exercice.

Si les monsieurs de la ville veulent se laisser piller, voler, assassiner, tant pis pour eux, nous sommes point chargés de les défendre.

Je vous le dis et je vous le répète, nous voulons et nous aurons HENRI V.

Tous les camarades sont de mon avis, n'est-ce pas, vous, les gars?

Signé : Mathurin LE Droit

de la Ville-ès-Blancs, en Rouillac,

(Bretagne.)

* 9 7 8 2 0 1 2 3 9 3 1 9 6 *